PETER ZÜRN

ZEN
in der Kunst, sich selbst und andere zu führen

›Wegweiser zum Erfolg‹, Band 4

Königsteiner Wirtschaftsverlag GmbH

Band 4 der Reihe ›Wegweiser zum Erfolg‹

Illustration der Titelseite: Doris Karner-Babel, Kirchheim/Teck

Die Deutsche Bibliothek – CIP-Einheitsaufnahme

Zen in der Kunst, sich und andere zu führen : Zitate und Aphorismen / Peter Zürn. – Königstein/Ts. : Königsteiner Wirtschaftsverl., 1991
(Wegweiser zum Erfolg ; Bd. 4)
ISBN 3-923281-40-4
NE: GT

Typographie und Herstellung: Hans-Joachim Weber
Satz: sg Satzservice GmbH, Frankfurt/M.
Druck und Bindung: Mainpresse Richter Druck, Würzburg

Ein Wort voraus

Führen heißt nicht nur fordern und fördern, Führen heißt nicht nur mutig vorangehen, auch im unbekannten und unwegsamen Gelände der wirklichen, existierenden Seinsheit; Führen heißt bewirken und bewegen.

Führen heißt Menschen berühren und orientieren, gemäß der ihnen eigenen Richtung, wie jener der Gemeinschaft und ihrer Ziele, vorgegeben und übergeordnet. Es sind die maßgebenden Menschen, die ihrer Zeit und Umwelt aus der Kraft der aufgenommenen, der auf sich genommenen Verantwortung Maßstäbe setzen und Spielregeln bestimmen für den konstruktiven Umgang miteinander.

Der richtige Umgang mit anderen aber beginnt richtigerweise immer wieder neu beim kritischen Umgang mit sich selbst, wofür die folgenden Zitate bewußte Wachheit und gewollte Aufmerksamkeit zu schärfen suchen. Denn der kritische Umgang mit sich selbst beginnt erst dort, wo man sich von sich selbst nicht mehr alles gefallen läßt! Dafür bedarf es neben der Identifikationsfähigkeit der Integrationsfigur vor allem ihrer Bereitschaft zur Distanz, zum gewogenen Abstand von Menschen, Dingen und Verhältnissen, in die man sich nicht ständig hineinziehen lassen darf. – Wirklich und wirksam selbstkritisch wird das Verhältnis zu sich selbst erst aus der distanzierenden Betrachtung des Alltags-Ego und Allerwelts-Ich mit seiner Vielfalt an Verliebtheiten in eigene Schwächen und Eitelkeiten, die den Weg zur weiteren Entwicklung hemmen. Selbsterkenntnis ist nicht nur der vielgerühmte und selten gegangene erste Schritt zur Besserung, sondern sie geht tatsächlich aller anderen Erkenntnis als ›conditio sine qua non‹ voraus.

Erst aus dieser Erkenntnis des in seiner menschlichen Fehlsamkeit so vielfach unvollkommen angelegten und durch eigene Anstrengung verbesserungsbedürftigen Selbstbildes können schließlich Größe und Großzügigkeit des Führenden erwachsen, der auch dem anderen den oft schmerzlichen (Um-)Weg zu sich selbst zuerkennt und weist.

Keine neue Führungslehre, sondern die Einladung zur Rückbesinnung auf alte Führungskunst und schon immer Gewußtes aus tieferen Quellen, die des Erlebens im Selbsterwachen harren.

Das Erwachen zum Selbst aber geht notwendig voraus der Wesens-Schau (japanisch: ken-sho) oder Erleuchtung (satori), die man als Ziel nennen könnte für den Weg meditativer Zen-Übung, wie sie heute noch kraft ununterbrochener Tradition vor allem in Japan praktiziert wird.

Was aus dem chinesischen ›Cha'an‹ über Korea als ›Zen‹ nach Japan kam, wo es nach wie vor in der Übung von Mönchen und Laien lebendig ist, gilt als eine der klassischen Meditations-Methoden, die auch im amerikanischen und europäischen Westen viele Anhänger fand.

Im Mittelpunkt solcher Übungen steht – besser: sitzt – der Mensch in seiner Mitte, allein oder in Gruppen, immer wieder in der achtsam-reglosen Ruhe des Buddha-Sitzes, dessen konsequent-aufrecht eingenommener Haltung für den Körper schließlich richtigerweiser auch die Lotrechte des Geistes folgt.

Aus der gelösten Konzentration und gesammelten Gelassenheit des ›Za-Zen‹ oder Sitzen im Zen wird die Kraft der versammelten Stille dann mit hinübergenommen in die Unruhe und Bewegtheit eines lärmenden und geschäftigen Alltags, ohne den eine berufliche Führungsaufgabe nicht denkbar ist.

Bewegung und Ruhe als die polaren Zustände des einen existenziellen Seins, das auch nach der griechischen Philosophie (Parmenides) allein durch die Beständigkeit des Wandels bestimmt wird, erfassen so schließlich als universelle, meditative Geisteshaltung Wesen und Weise des Menschen, dessen inbildliche Wirkung zur Vorbildhaftigkeit gelebter Führungskunst wird.

Inhalt

Führung und Lehre

Führung ist Vorbild in Handlung und Haltung.

Richtung weisen
kann nur, wer sich selbst
in der Richtung weiß:
wer richtig ist.

Der wahrhaft Edle predigt nicht, was er tut, bevor er nicht getan hat, was er predigt.

Konfuzius

Man erzieht
durch das, was man
sagt,
mehr noch durch das,
was man tut,
am meisten durch das,
was man ist.

Ignatius Von Antiochien

Freundlich, offen, höflich, gelassen, rücksichtsvoll: Das ist die beste Art, sich zu unterrichten.

KONFUZIUS

Wenn du etwas
weitersagen
willst, so seihe
es zuvor durch drei Siebe:
das erste läßt nur das
Wahre hindurch,
das zweite läßt nur das
Gute hindurch,
das dritte läßt nur das
Notwendige hindurch.
Was durch alle drei Siebe
hindurchging,
das magst du getrost
weitersagen.

SOKRATES

Drei Eigenschaften braucht, wer Menschen führen will: Menschlichkeit, Klarheit, Mut.

FUSHAN YUAN

Wahrheit

Die Wahrheit ist
des Himmels Weg;
ihn zu verwirklichen, ist
des Menschen Weg.

NAGAYA

Besser als die
Wahrheit kennen ist,
die Wahrheit lieben.

Konfuzius

Der Strom der Wahrheit fließt durch die Kanäle von Irrtümern.

TAGORE

Wenn du wahrhaftig bist, so hast du im Herzen Gelingen, und was du tust, hat Erfolg.

J Ging

Zwei Dinge verleihen der Seele am meisten Kraft;
Vertrauen auf die Wahrheit und Vertrauen auf sich selbst.

SENECA

Mach' Gott zur
Wirklichkeit,
und er wird dich zur
Wahrheit machen.

SUFI-WEISHEIT

Wenn ein
Mensch rein und vollkommen wird,
dann wirkt sich der Einfluß seines Charakters
derart aus, daß jene, die
die Wahrheit suchen,
auf natürliche Art zu ihm
hingezogen werden.

Somerset Maugham

Selbstlosigkeit

Erleuchtung bedeutet nicht, die Wahrheit zu erzeugen, sondern sie wiederzuentdecken: durch das Abfallen von Täuschungen, verkehrten Vorstellungen und Anschauungen.

Tun Huang

Wer seiner selbst voll ist, in dem hat Gott keinen Raum.

Martin Buber

Es tut nichts weher, als sich selbst zu überwinden.
Es tut aber nichts wohler, als sich selbst überwunden zu haben.

SEUSE

Hochmut heißt: sich gegen andere messen. Nicht, wer sich weiß, nur wer sich mit anderen vergleicht, ist der Hochmütige. Der überhebt sich, der sich dem anderen überlegen dünkt.

Martin Buber

Die Ros' ist ohn' Warum,
sie blühet, weil sie blühet,
sie acht' nicht ihrer selbst,
fragt nicht, ob man sie siehet.

Angelus Silesius

Sein Selbst erkennen
heißt,
sein Ich vergessen;
sein Ich vergessen
bedeutet,
von allen Dingen
erleuchtet werden.

Dogen

Das Kiefernhafte lerne von der Kiefer, das Bambushafte lerne vom Bambus. Auch das heißt: Gib' dein Selbst auf! Dieses Lernen ist kein Lernen im üblichen Sinne; es bedeutet: eindringen in die Dinge, ihre geheimsten Lebensbedingungen erlauschen, und im Herzen ein Gefühl anklingen lassen.

Japan

Tun und Nicht-Tun

Aufmerksamkeit
ist die Mutter des Genies.

BONNET

Wer zur Quelle will,
muß gegen den Strom
schwimmen.

China

Tugend ist,
was man mit Leidenschaft tut;
Laster ist,
was man aus Leidenschaft tut.

AUGUSTINUS

Wenn der eine nicht will, können zwei nicht miteinander streiten.

SPANIEN

Drei Fehler gibt es im
Umgang mit einem Edlen:
Zu sprechen, ohne
dazu aufgefordert zu sein,
das heißt: vorlautes Wesen;
nicht zu sprechen, wenn
man dazu aufgefordert ist,
das heißt: Geheimnistuerei;
zu sprechen, ohne auf den
Gesichtsausdruck zu achten,
das heißt: blind sein.

KONFUZIUS

Der Mensch geht in den Lärm der Menge, um den Schrei seines eigenen Schweigens zu übertäuben.

TAGORE

Der Himmel ist in dir und auch der Höllen Qual:
Was du erkiest und willst, das hast du überall.

ANGELUS SILESIUS

Ein wahrhaft guter Mensch tut nichts, doch läßt er nichts ungetan. Ein törichter Mensch ist immerfort tätig, doch bleibt vieles zu tun übrig.

Laotse

Nicht-Tun bedeutet nicht Nichts-Tun, sondern ist das Handeln ohne den Dualismus von Subjekt und Objekt, ohne ein Selbst, das handelt. Es ist das absichtslose, natürliche Handeln, entsprechend der jeweiligen Situation.

TUN HUANG

Stille halten
bedeutet innehalten.
Wenn es Zeit ist, innezu-
halten, dann innehalten.
Wenn es Zeit ist, voran-
zuschreiten, dann voran-
schreiten; so verfehlen
Bewegung und Ruhe
nicht die rechte Zeit,
und ihr Lauf wird hell
und klar.

J Ging

Den Geist in Versenkung halten und gleichzeitig den Dingen des täglichen Lebens zugewandt bleiben: das ist das Wesen wahrer Meditation.

Vimalakirti

Mut und Demut

Ich habe drei Schätze,
die ich hüte und bewahre:
der erste ist Mitgefühl, der
zweite Mäßigkeit,
der dritte, anderen nicht
voraus sein wollen.
Von Mitgefühl kommt Mut;
von Mäßigkeit kommt
Großzügigkeit; von Demut
kommt Führerschaft.

LAOTSE

Feste Entschlossenheit und Klarheit im Innern,
sanfte Anpassung und Stärke im Äußern;
das ist
der Weg, etwas zu erreichen.

J Ging

Geduld
ist Kraft in höchster
Potenz.

Gertrud von Le Fort

Die beste Art, das Böse zu bekämpfen, ist energischer Fortschritt im Guten.

J Ging

Ob ein hohes
Ziel und eine Begeiste-
rung echt sind,
das merkt man nicht an
den feierlichen Stunden,
sondern im Alltag.
Ob einer ernst macht,
sieht man nicht an den
großen Entschlüssen,
sondern an der kleinen
Arbeit, tagaus, tagein.

ROMANO GUARDINI

Demut ist Unverwundbarkeit.

Marie von Ebner-Eschenbach

Gott gebe mir die Gelassenheit,
die Dinge hinzunehmen,
die ich nicht ändern kann,
den Mut, die Dinge zu ändern, die ich ändern kann,
und die Weisheit, das eine vom andern zu unterscheiden.

CH. F. OETINGER

Der gute Herrscher

Wer aufrichtig ist, dem vertraut das Volk.

KONFUZIUS

Wer nicht genügend vertraut,
wird kein Vertrauen finden.

LAOTSE

Um einflußreich zu sein, muß ein Mann von Natur gradsinnig sein und das Recht lieben. Er muß die Worte der Menschen prüfen, ihren Ausdruck beobachten und verstehen, daß man auf andere Rücksicht nehmen muß.

KONFUZIUS

Durch Dienen zu herrschen
ist das Geheimnis des Erfolgs.
Wahres Herrschen muß Dienen sein.

J GING

Wenn der Herrscher selbst ein aufrechter Mann ist,
wird alles gutgehen,
auch wenn er keine Befehle gibt.
Ist er aber kein aufrechter Mann, mag er Befehle geben,
so viel er will; sie werden doch nicht befolgt werden.

KONFUZIUS

Ein guter Soldat ist nicht gewalttätig. Ein guter Kämpfer ist nicht zornig. Ein guter Gewinner ist nicht rachsüchtig. Ein guter Dienstherr ist bescheiden. Dies ist bekannt als Geschick im Umgang mit Menschen. Seit uralten Zeiten war dies bekannt als die vollkommene Einheit mit dem Himmel.

LAOTSE

Herrschen heißt:
Gerade-richten.
Wenn du einen Weg
geradeaus gehst,
wer will dann wagen, einen
krummen Weg zu gehen?

Konfuzius

Wer ist ein guter
Herrscher?
Wer die Menschen liebt.
Wer ist ein weiser
Herrscher?
Wer die Menschen
kennt.

KONFUZIUS

Narr und Weiser

Wissen ist Macht, Weisheit macht mächtig.

Wer leicht außer sich gerät,
sollte öfter in sich gehen.

Der Narr tut, was
er nicht lassen kann,
der Weise läßt, was er
nicht tun kann.

China

Der Weise benutzt
sein Herz wie einen Spiegel.
Er sucht die Dinge nicht und
geht ihnen nicht entgegen.
Was auf ihn zukommt,
nimmt er in seinem Spiegel
auf, tut aber nichts dazu, es
dort zu halten.
Das aber ist es eben, was
ihn fähig macht, über alles
zu siegen und selbst nie
verletzt zu werden.

TSCHUANGTSE

Klugheit ist: andere erkennen. – Sich selbst erkennen: ist Wahrheit. – Macht ist: andere meistern. – Sich selbst meistern: ist Kraft. – Wille ist: andere bescheiden.– Sich selbst bescheiden: ist Fülle. – Herr sein über sich selbst: heißt bestehen.– Bestehen auch über den Tod: heißt Leben.

LAOTSE

Leben und Tod

Geburt und Tod
sind feierliche Ereignisse,
ach, wie flüchtig ist doch
das Leben –
jeder Augenblick wird dir
mißgönnt:
Die Zeit wartet auf keinen!

Japan

Und so lang du
dies nicht hast,
dieses »Stirb und Werde«,
bist du nur ein trüber
Gast
auf der dunklen Erde.

Johann Wolfgang Von Goethe

Freund, so du
etwas bist,
so bleib' doch ja nicht
stehen:
Man muß aus einem
Licht
fort in das andre gehen.

ANGELUS SILESIUS

Weise Lebens-
führung gelingt nicht
durch Zufall;
wie man leben sollte,
muß man
so lange lernen, als man
lebt.

SENECA

Weh' den Menschen, die in weiter
Ferne suchen
und was nahe liegt, nicht
wissen!
Sie gleichen denen, die
mitten im Wasser stehen
und doch nach Wasser
schreien.

HAKUIN

Es ist nicht wenig Zeit,
die wir haben,
sondern es ist viel Zeit,
die wir nicht nützen.

Seneca

Wer sich im
Za-Zen üben will,
der tut dies am besten
auf der belebtesten
Straße
und achtet die dort
herumhastenden Leute
gleich den Bäumen des
Waldes im tiefsten
Gebirge.

Daito

Freund, es ist auch genug.
Im Fall du mehr willst lesen,
so geh' und werde selbst die Schrift und selbst das Wesen.

ANGELIUS SILESIUS

Peter Zürn, Dr. jur., ist verantwortlich für die Baden-Badener Unternehmergespräche. Als Autor von Büchern und zahlreichen Artikeln zum Thema ›Manager und Meditation‹ praktiziert er selbst seit 20 Jahren Za-Zen.

Die bisher erschienenen Bände der Reihe ›Wegweiser zum Erfolg‹:

›Erfolg. Zitate & Aphorismen‹

›Motivation. Zitate & Aphorismen‹

›Qualität. Zitate & Aphorismen‹

›Zen in der Kunst, sich selbst und andere zu führen‹